L'INFLUENCE
DES LOIS SUCCESSORALES

SUR

L'EXPANSION DE LA RACE

PAR

M. E. CHEYSSON

MEMBRE DE L'INSTITUT

Extrait de *LA RÉFORME SOCIALE*
(16 Décembre 1903)

PARIS

AU SECRÉTARIAT DE LA SOCIÉTÉ D'ÉCONOMIE SOCIALE

54, RUE DE SEINE, 54

1903

SOCIÉTÉ INTERNATIONALE D'ÉCONOMIE SOCIALE

La Société, fondée par Le Play, s'est constituée le 27 novembre 1856, pour remplir le vœu exprimé par l'Académie des sciences, en couronnant l'ouvrage intitulé les *Ouvriers européens*. Elle applique à l'étude comparée des diverses constitutions sociales la méthode d'observation, dite des monographies des familles. Elle reproduit les monographies les plus remarquables dans le recueil intitulé les *Ouvriers des deux mondes*, et publie le compte rendu *in extenso* de ses séances dans la *Réforme sociale*, bulletin de la *Société d'économie sociale et des Unions*.

La *Société d'Economie sociale* se compose de *Membres honoraires* versant une cotisation de 100 francs par an, au minimum, et de *Membres titulaires* payant 25 francs. L'un et l'autre de ces deux prix donnent droit à recevoir la *Réforme sociale*, qui est adressée à tous les Membres deux fois par mois, le 1er et le 16 ; et les *Ouvriers des deux mondes* qui paraissent par fascicules trimestriels.

De 1865 à 1885 le *Bulletin* des séances forme 9 vol. in-8° avec tables méthodiques. La collection complète (rare) : 68 francs. — Depuis 1886, le *Bulletin* est remplacé par la *Réforme sociale*.

LES UNIONS DE LA PAIX SOCIALE

Les *Unions* ont pour but de propager et de mettre en pratique les doctrines de l'*Ecole de la paix sociale* Elle sont répartiés par petits groupes en France et à l'étranger. Leur action s'exerce par l'intermédiaire de CORRESPONDANTS locaux.

Les membres sont invités à transmettre au secrétariat général les faits qu'ils ont pu observer autour d'eux, ou les renseignements qui sont parvenus à leur connaissance. Ces communications sont, suivant leur importance, mentionnées ou reproduites dans la *Réforme sociale*.

Les *Unions* se composent de membres *associés* et de membres *titulaires*. Les membres *associés* versent une cotisation annuelle de 15 francs (France et étranger) qui leur donne droit à recevoir deux fois par mois la *Réforme sociale*, bulletin de la *Société* et des *Unions*. Les *membres titulaires* concourent plus intimement aux travaux qui servent de base à la doctrine des *Unions* ; ils payent, outre la cotisation annuelle, un droit d'entrée de 10 francs au moment de leur admission et reçoivent, en retour, pour une *valeur égale* d'ouvrages choisis dans la *Bibliothèque de la paix sociale* et livrés au prix de revient.

Pour être admis dans les *Unions de la paix sociale*, il faut être présenté par un membre, ou adresser directement une demande d'admission au Secrétaire général, rue de Seine, 54, à Paris. — Les noms des membres nouvellement admis sont publiés dans la *Réforme sociale*.

COMITÉ DE DÉFENSE ET DE PROGRÈS SOCIAL

La *Réforme sociale* publie *in extenso* la plupart des conférences faites sous les auspices du *Comité de défense et de progrès social*. Chacune des conférences faites de 1895 à 1900 a été éditée, en vue de la propagande, en une brochure in-18 au prix de Cinq centimes. (Envoi *franco* à partir de 10 exemplaires.)

L'INFLUENCE
DES LOIS SUCCESSORALES

SUR

L'EXPANSION DE LA RACE

PAR

M. E. CHEYSSON

MEMBRE DE L'INSTITUT

Extrait de *LA RÉFORME SOCIALE*
(16 Décembre 1903)

PARIS

AU SECRÉTARIAT DE LA SOCIÉTÉ D'ÉCONOMIE SOCIALE

54, RUE DE SEINE, 54

—

1903

L'INFLUENCE DES LOIS SUCCESSORALES

SUR L'EXPANSION DE LA RACE

RÉUNION ANNUELLE DE LA SOCIÉTÉ D'ÉCONOMIE SOCIALE EN 1903

DEUXIÈME RÉUNION DE TRAVAIL (10 juin).

Présidence de M. J. Leclercq,

DE L'ACADÉMIE ROYALE DE BELGIQUE
PRÉSIDENT DE LA SOCIÉTÉ BELGE D'ÉCONOMIE SOCIALE

SOMMAIRE. — *L'influence des lois successorales sur l'expansion de la race*, suite de la discussion : observations de MM. E. CHEYSSON, de l'Institut, A. DE-LAIRE, CLÉMENT JUGLAR, de l'Institut, ALBERT RIVIÈRE, LOUIS DUBOIS, HENRI JOLY, JACQUES BERTILLON, l'abbé BOISARD, l'abbé FORBES.

La séance est ouverte à 9 heures sous la présidence de M. JULES LECLERCQ, de l'Académie royale de Belgique, président de la Société belge d'économie sociale.

La discussion commencée dans la précédente séance (1) se continue et la parole est donnée à M. E. Cheysson.

M. CHEYSSON. — Les lois successorales sont restées, depuis la fondation de notre Société, constamment à son ordre du jour, tant elle apprécie leur souveraine influence sur les destinées du pays. Elle a donc accueilli avec empressement la remarquable contribution que notre brillant rapporteur, M. Ambroise Colin, a bien voulu apporter à l'étude de cette grave question. Il est vrai qu'il l'a traitée sous un point de vue qui ne concorde pas avec celui de la majorité de cette réunion ; mais cette contradiction est salutaire et nous devons nous en féliciter. L'unanimité dans une assemblée est un danger véri-table, en engendrant une fausse quiétude. Aussi est-il bon qu'elle

---

(1) Voir *la Réforme sociale*, 1er déc. 1903, p. 808. — Ceux qui n'aiment pas à se contenter de l'exposé et de la réfutation des mêmes arguments toujours reproduits se reporteront avec intérêt aux articles suivants publiés ici même : L'autorité paternelle et le droit de succession des enfants, par M. E. Glasson, de l'Institut, professeur (aujourd'hui doyen) de la Faculté de droit de Paris (16 août 1889) ; La restauration de la liberté de tester dans la République mexicaine, par M. Emile Auzolle (16 avril 1889) ; De quelques témoignages relatifs à la liberté de tester (MM. de Fontpertuis, Beaussire, de Molinari et Coste), par M. Charles Maurras (1er avril 1890). Dans cette dernière étude, très fortement pensée, M. Charles Maurras, avec son vigoureux talent, met en lumière une série de « témoignages » décisifs contre le partage forcé ; ils sont moins affirmatifs sur le remède, mais c'est déjà beaucoup de diagnostiquer la maladie : savoir de quoi l'on meurt est un des précieux apanages du genre humain, au dire de Pascal.

soit troublée par une voix discordante qui oblige les convictions à lui tenir tête et à fortifier encore leurs motifs. Tel est précisément le service que nous a rendu M. Ambroise Colin et dont je lui exprime notre sincère reconnaissance.

Je sens bien que c'est une véritable témérité pour un « laïque » comme moi, d'oser me mesurer contre un spécialiste, qui nous a tenus hier sous le charme de son argumentation forte et serrée. Je me décide pourtant à le faire : d'abord parce que la question dont il s'agit est plus encore sociale que juridique ; ensuite, parce que — malgré des divergences profondes et dont je ne veux pas dissimuler la gravité, — nous arrivons à certaines conclusions qui nous sont communes et dont je serai heureux de prendre acte devant vous. Je vous demande donc la permission de vous présenter les observations que j'ai notées au passage au cours du brillant exposé de notre rapporteur, en vous indiquant tour à tour les points sur lesquels nous sommes d'accord ou en contradiction.

Une première divergence que je dois signaler se produit entre nous au sujet de l'influence des lois successorales sur la natalité et, par suite, sur l'expansion coloniale. M. A. Colin nie cette influence et cherche à justifier son opinion, en montrant la discordance entre les phénomènes démographiques et les courants d'émigration d'une part, et, d'autre part, les lois de succession. Notre honorable Président, M. Jules Leclercq, membre de l'Académie de Belgique, nous a fait de même remarquer que, malgré la similitude de leur régime successoral, la Belgique et la France avaient des natalités très dissemblables. M. Levasseur professe le même scepticisme et pour les mêmes raisons (1).

En dépit de la grande autorité de ceux qui la présentent, cette démonstration ne me paraît pas décisive.

La natalité est, en effet, une résultante qui est soumise à l'action concourante ou divergente de diverses causes. Or ces causes sont beaucoup moins matérielles et physiologiques qu'elles ne sont économiques et morales. On n'a pas d'enfants, parce qu'on n'en veut pas : c'est un fait de volonté.

Quelles sont les forces qui agissent sur la volonté ? L'intérêt, la passion, le devoir. Du moment où la natalité est régie par la

____

(1) Voir dans la *Population française* les tableaux synoptiques où M. Levasseur rapproche, pour les principaux pays, la natalité et le régime successoral.

volonté, elle est sous la dépendance étroite de ces divers facteurs.

Quand on veut analyser et dégager leur influence, on se heurte à de graves difficultés, qui semblent presque insolubles. La science sociale n'a pas, comme la physiologie, la ressource de l'expérimentation pour isoler tour à tour chacune des causes qui concourent à un fait et en découvrir la loi. Elle est tenue de prendre ce fait en bloc, tel qu'il apparaît, avec la complexité des causes qui ont concouru à le produire. Si ces causes sont contradictoires et tirent en sens inverse, il arrivera que telle ou telle d'entre elles sera masquée par telle ou telle autre qui aura prédominé dans la formation de la résultante. On pourra être ainsi conduit à nier l'influence de chacune de ces deux causes, en lui opposant la négation par le fait : conclusion aussi téméraire que le serait, suivant la fine remarque de M. Delaire, celle d'un physicien qui s'aviserait de nier l'influence de la pression sur le volume des gaz, en constatant qu'une certaine quantité de gaz, dûment échauffée, continue à occuper son volume primitif malgré l'accroissement de la pression. Les deux effets inverses et précisément égaux se sont annulés, sans porter atteinte à la loi mathématique de leur action réciproque. Il n'en va pas autrement en matière sociale et démographique, et l'on irait droit au pyrrhonisme scientifique, en faisant tour à tour justice de toutes les raisons qu'on pourrait alléguer pour expliquer un phénomène déterminé, mais complexe, tel que la natalité.

Par exemple, on dira qu'il est difficile d'attribuer aux sentiments religieux un rôle quelconque dans la fécondité, puisque la natalité est deux fois et demie moindre dans les quartiers de la Madeleine et de Saint-Thomas-d'Aquin que dans ceux du Pont-de-Flandre et de la Goutte-d'Or. Ainsi encore, pour refuser toute influence à la richesse sur ce phénomène, on montrera que la natalité est faible à la fois dans les départements pauvres (1), tels que le Gers, la Creuse, les Basses-Alpes, et dans les départements riches, tels que la

(1)	Valeur du centime départemental.	Natalité par 1.000 habitants.
Lozère	8.492	28
Basses-Alpes	9.547	22
Creuse	12.553	21
Gers	21.204	15
Finistère	33.875	32
Pas-de-Calais	68.617	30
Gironde	99.701	19
Nord	157.164	34

Gironde, le Calvados ; qu'elle est forte dans les départements les plus différents au point de vue de la richesse, comme la Lozère, le Finistère, d'une part, et de l'autre, comme le Nord et le Pas-de-Calais.

En un mot, il n'est pas de cause qui, soumise à cette épreuve, puisse en sortir victorieuse. On arriverait ainsi par des éliminations successives à l'inexplicable, au mystérieux, au fatal, et l'on pourrait dire, en s'installant en triomphateur sur les ruines des divers systèmes, ce que Pascal disait de l'homme lui-même : « Je le contredis toujours jusqu'à ce qu'il comprenne qu'il est un monstre incompréhensible (1) ! »

On n'est pas acculé à cette extrémité en ce qui concerne la natalité française. De ce que les diverses causes dont elle dépend se croisent, se contrarient et aboutissent à des résultats contradictoires suivant leur prédominance respective, il ne s'ensuit pas que chacune d'elles ne garde son influence sur la résultante et qu'en agissant sur l'une ou l'autre de ces causes, on ne puisse agir sur cette résultante elle-même.

Or, si l'on ne saurait soutenir sans une véritable exagération, — et personne d'ailleurs n'y songe, — que la loi successorale explique à elle seule la stérilité de la famille française, a-t-on le droit de lui dénier toute influence sur cet affligeant phénomène ? Il est certain que bien des pères reculent devant les charges que leur imposeraient de nombreux enfants et limitent leur postérité à la mesure de leur égoïsme personnel ; mais il en est d'autres qui peuvent arriver au même résultat par une autre voie. Ceux-là s'imaginent que leur devoir est de conserver intact l'atelier et surtout le domaine familial auxquels le partage serait funeste. Un diamant ne peut se morceler, sans perdre sa valeur. Il en est ainsi de certains héritages qu'il vaut mieux liciter que dépecer. Quand il s'agit de ces biens que l'on appelait au moyen âge dans le pays basque : *biens de souche ou avitins*, la coutume, qui s'élevait [presque à la hauteur d'une loi religieuse, ne faisait du père qu'un détenteur provisoire, le fidéicommissaire d'un patrimoine qu'il avait reçu de ses ancêtres et dont il était comptable vis-à-vis de sa lignée. Ces idées, qui donnent une sorte de majesté auguste au bien patrimonial, à la fois berceau et support de la famille, avaient leur consécration nécessaire dans la transmission intégrale des

(1) *Les Pensées*, art. VIII, p. 155.

biens de souche, sous réserve des soultes en argent à payer à ses frères et sœurs par l'héritier associé, suivant le système longtemps pratiqué en Allemagne et restauré de nos jours, sous le nom de *Hofrecht* ou *Anerbenrecht* (1).

Il n'est pas douteux que, là où règne dans les esprits une telle conception de la propriété et du devoir paternel, la disposition d'un Code qui vient prescrire le partage égal entre les enfants, doit pousser le père à en réduire le nombre. C'est sa manière de tourner la loi : ne pouvant pas faire des cadets, il les supprime.

On peut citer des faits à l'appui de cette opinion. Une grande enquête a été récemment instituée par le gouvernement prussien « dans le but d'étudier l'influence sur la propriété foncière et le bien-être des populations des divers régimes successoraux en vigueur dans le royaume de Prusse », La direction de cette enquête a été confiée à l'un des professeurs les plus distingués de l'université de Berlin, M. Max Sering, auquel ont été adjoints treize collaborateurs. La partie de l'enquête qui offre pour nous le plus d'intérêt est celle qui concerne la région rhénane, puisqu'elle se trouve depuis un siècle soumise (au moins dans sa plus grande partie) au régime successoral de notre Code civil. Or, entre autres conséquences, il résulte de cette enquête, savamment analysée par M. Georges Blondel, que « le partage a été rendu plus rare par la limitation systématique du nombre des enfants ». — « Un magistrat, dit encore M. Blondel, M. Riehl, qui a étudié quarante ans cette contrée, nous parle de villages où l'on trouve bien rarement plus de deux enfants et où les pasteurs prêchent contre l'avortement. Les rapports de M. Hirsch sur le Westerwald, comme ceux du juge cantonal de Raunen, ou du landrath de Meisenheim, nous montrent le *Zweikindersystem* (le système de deux enfants) répandu dans la contrée (2). »

Nous retrouvons des faits analogues chez nous-mêmes dans les belles études de M. Baudrillart sur l'*État moral et matériel de nos populations agricoles*. Il nous montre en Normandie le paysan résolu à n'avoir pas d'enfants ou à en limiter le nombre, parce qu'il ne veut pas qu'après lui son bien soit morcelé ; en Picardie, les riches, ou

(1) Voir l'*Enquête allemande sur le régime successoral* (*Réforme sociale*, 1er juin 1898, 1er avril 1901), et le *Nouveau code allemand* (*Réforme sociale*, 16 juillet 1901).

(2) *Réforme sociale*, 1er juin 1898, p. 883.

les gens aisés, obéissent au parti pris de n'avoir pas plus d'un ou
deux enfants. Mêmes constatations dans une remarquable enquête
faite en 1900 par M. le D^r von Brandt, un des meilleurs élèves de
MM. Sering et Auguste Meitzen, sur les *Droits et coutumes des populations rurales de la France en matière successorale* (1). On voit à chaque
ligne de cet ouvrage consciencieux l'influence de la loi sur les
populations. L'auteur parle de la fécondité des familles du Sud-
Ouest dans les régions pyrénéennes, où la tradition lutte encore
contre le Code, et il l'oppose à la stérilité « dans la vallée de la
Garonne où l'on est arrivé à une limitation extrême de la natalité ».
Dans le Lot-et-Garonne, il montre le père, en vue d'éviter la licita-
tion qui s'imposerait s'il avait plusieurs enfants, s'arranger pour
n'en avoir qu'un, et s'ingénier à le marier à un fils ou à une fille
unique. « Les familles, jusque-là fécondes de domestiques ruraux,
qui sont devenues propriétaires, instruites par le sort de leurs pré-
décesseurs, cherchent à se maintenir dans leur propriété en limitant leur descendance. » — « Malthus, dit encore l'auteur, que ces
paysans ne connaissent certainement pas, aurait des autels s'il était
Dieu. L'enfant unique, c'est la règle dans les familles. Deux
enfants, passe encore; mais trois, c'est certainement un accident ou
un malheur. Toutes les familles qui se mettent à deux, puis à
quatre ou à huit pour faire un héritier, disparaissent peu à peu. La
place qu'occupait l'aîné dans l'ancienne société est prise par le fils
unique dans la société nouvelle. On félicite le père auquel est échu
un garçon, et l'on plaint celui dont le premier-né est une fille,
comme s'il n'avait pas d'enfant. Le désir de maintenir le bien est
resté le même que sous l'ancien droit : il n'y a que les moyens qui
diffèrent. » C'est la même pensée qu'exprimait M. de Viel-Castel et
presque dans les mêmes termes : « L'ancien régime faisait des fils
aînés; le régime actuel fait des fils uniques (2). »

Après de telles constatations, il semble difficile de refuser aux
lois successorales toute influence sur la population et l'on est

---

(1) Chez Larose, éditeur, et au secrétariat de la Société.

(2) On sait qu'en Russie le partage périodique du territoire du mir se fait soit
par tête d'habitant mâle, soit par ménage. « On voit tout de suite, dit notre savant
confrère M. Anatole Leroy-Beaulieu, l'encouragement que donne à la population
ce système de partage. Chaque fils venant au monde ou arrivé à l'âge d'homme
apporte à la famille un nouveau lot de terre. Au lieu de diminuer le champ
paternel en le divisant, une nombreuse progéniture l'agrandit. Aussi la Russie est-
elle le pays de l'Europe où il y a le plus de ménages et où ils sont le plus
féconds. » (*L'Empire des tsars*, t. I, p. 520.)

obligé de reconnaître avec Tocqueville que « ces lois influent incroyablement sur l'état social des peuples, dont les lois politiques ne sont que l'expression. Elles saisissent en quelque sorte les générations avant leur naissance ».

Ce n'est pas seulement, en effet, sur le mouvement de la population qu'agit la liberté testamentaire pour l'exciter; mais elle a d'autres avantages, peut-être plus précieux encore, par l'action qu'elle exerce sur la prospérité économique, sur l'expansion coloniale, sur le rôle et le caractère des enfants et des pères, sur la constitution des familles, sur la force morale et, pour tout dire d'un mot, sur l'âme même de la nation.

Je ne puis qu'effleurer, en courant, chacune de ces conséquences qui demanderaient, pour être mises dans tout leur jour, de longs développements.

Le régime du partage forcé est celui de l'instabilité et condamne l'industrie à une liquidation perpétuelle. Le père prudent redoute que sa mort n'amène la réalisation désastreuse de son usine : il prend donc les devants et « se retire » de bonne heure après fortune faite, stérilisant ainsi le capital que représentent la mise en train et l'expérience accumulée. C'est le rocher de Sisyphe que doit remonter chaque génération.

Mêmes effets pour l'agriculture, surtout en ce qui concerne la petite propriété, sur laquelle le partage forcé s'appesantit avec une rigueur toute particulière. A la mort du père, la loi fait son œuvre implacable; elle morcelle le petit domaine entre les enfants, qui ne peuvent plus vivre sur ces lambeaux de propriété et qui, pour échapper à cette déchéance, cèdent à l'attrait menteur des villes et désertent le village natal.

En ce qui concerne la colonisation, le partage forcé ne lui est pas moins funeste. Il lui retire d'abord sa matière première, c'est-à-dire les colons, puisqu'il stérilise la famille ; il lui porte encore un autre coup, plus grave encore, en affaiblissant les énergies et tarissant le goût des entreprises lointaines par la sécurité de l'héritage.

M. Ambroise Colin disait que le Code civil n'empêche pas les Basques d'émigrer ; mais M. Etcheverry nous a montré que les anciennes coutumes successorales ont dans ce pays des racines tellement fortes que le Code n'a pu encore les extirper entièrement. Or, c'est précisément cette persistance des vieilles traditions coutumières qui explique la fécondité des familles basques, leurs courants d'émigration et la solidité de leurs rejetons (1).

Puisque notre congrès s'est donné pour tâche d'étudier spécialement la question coloniale, j'insiste sur le dommage que le partage forcé fait à la colonisation par l'atteinte qu'il porte au caractère et à l'énergie de la jeunesse.

Il ne se borne pas, en effet, à diminuer le nombre des enfants ; mais, ce qui est plus fâcheux encore, il amoindrit leur qualité, en détendant leur ressort moral. Assurés, quoi qu'ils fassent ou ne fassent pas, d'hériter de leurs parents, ils s'endorment sur l'oreiller de la loi ; appuyés sur leurs droits, ils se dispensent de l'effort viril, au lieu de se tremper par la lutte : devenus la proie de l'oisiveté, ils s'abandonnent à tous les désordres qu'elle traîne à sa suite. Pour se redresser et se fortifier, l'homme a besoin d'avoir à compter sur lui-même. Rien de dissolvant comme cette quiétude, qui lui vient des droits qu'on lui confère, sans devoirs corrélatifs, soit sur l'héritage paternel, soit sur la collectivité tout entière. Car il existe une très grande affinité, sous ce rapport, entre le socialisme d'État et le partage forcé : l'un et l'autre atteignent, avec la responsabilité personnelle, les sources de l'initiative et de la virilité. Comment trouver ces hommes hardis, résolus, qu'exige la mise en valeur des pays neufs, dans ces générations élevées en serre chaude, gâtées dès l'enfance par une tendresse aveugle, amollies par la vie facile et assurée, bornant leurs ambitions à quelque sinécure bureaucratique avec une retraite au bout, et spéculant sur « les espérances » que leur fait entrevoir la mort impatiemment attendue de quelque parent à héritage (2) ?

Si le partage forcé fait ce mal aux fils, c'est sans le vouloir, puisqu'il a été édicté en leur faveur. Mais, pour les pères, c'est consciemment qu'il les a blessés : car tel était précisément son but. En votant le 7 mars 1793 l'abolition du droit de tester, la Convention avait l'intention formelle de ruiner l'autorité des pères de famille, chez

---

(1) Voir dans *l'Organisation de la famille*, par Le Play, le chapitre intitulé : *le Duel entre la coutume et le Code. — Histoire de la famille Melouga*, par M. E. Cheysson.

(2) « Mon frère me disait que les père et mère doivent deux choses à leurs enfants : les bien endoctriner et nourrir honnestement ; qu'avec cela, s'ils pouvaient laisser quelque chose, à la bonne heure ; sinon, avec une bonne instruction et nourriture, pour peu qu'ils en aient, ils en ont assez. Tout enfant qui se fie au bien de son père ne mérite pas de vivre. » (Testament du xviie siècle, cité par Le Play, *Réforme sociale*, t. I, ch. ii, § 21.)

lesquels elle voyait les gardiens des traditions et les défenseurs
instinctifs de l'ancien régime (1). Inspiré à sa naissance par une
pensée politique, le partage forcé a été sanctionné par le législateur de 1803 en vue d'une préoccupation dynastique, qui a été
nettement avouée par le fondateur même du Code civil (2).

Cette fois la loi a visé juste et elle a efficacement atteint son
objectif, c'est-à-dire l'affaiblissement de l'autorité paternelle.
Mais, en agissant ainsi, elle a outrepassé son droit : « La loi natu-
relle ordonne aux pères, a dit Montesquieu, de nourrir leurs
enfants; mais elle ne les oblige pas à les faire héritiers. » En outre,
elle a ébranlé l'un des plus solides fondements de l'État, qui a
besoin de s'appuyer sur une forte constitution de la famille.

En matière successorale, la loi doit être discrète, se borner à des
principes généraux, à de grandes lignes, et laisser, pour tout le
reste, pleine latitude au père. De qui donc, en effet, peut-on atten-
dre plus de sollicitude et de clairvoyance? Placé à mi-chemin
entre le passé et l'avenir, trait d'union entre les générations qui le
précèdent et celles qui le suivent, héritier et dépositaire des traditions de la famille, le père puise dans sa conscience et dans son
amour les inspirations les plus hautes pour que l'œuvre des
ancêtres, à laquelle il a collaboré lui-même, soit continuée par
les descendants, et pour que l'intérêt de chacun d'eux soit sau-
vegardé, comme celui de la famille dont ils sont les membres et
les chaînons. La loi ne peut, dans son inflexible rigidité, se plier
à tous ces cas si complexes de la pratique, à l'infinie variété de
ces coutumes, qui tiennent à nos origines historiques, à nos traditions, à « ces morts qui parlent en nous. »

La liberté testamentaire est précisément le régime où le père de
famille a le droit de remplir ce rôle auguste, dont on ne saurait le
dépouiller sans le plus sérieux dommage pour la puissance maté-

---

(1) PRIEUR. « Je demande que la loi se reporte à juillet 1789. Sans cela, vous
sacrifiez les cadets dévoués à la Révolution; vous sanctionnez la haine des pères
pour les enfants patriotes. » (*Moniteur*, 9 mars 1793.)

(2) « Etablissez le Code civil à Naples : tout ce qui ne vous sera pas attaché
va se détruire en peu d'années et ce que vous voudrez conserver se consolidera.
Voilà le grand avantage du Code civil... Il consolide votre puissance, puisque, par
lui, tout ce qui n'est pas fidéicommis tombe et qu'il ne reste plus de grandes mai
sons que celles que vous érigez en fiefs. C'est ce qui m'a fait prêcher un Code
civil et m'a porté à l'établir. » (Lettres de Napoléon à Joseph du 5 juin 1806. —
Mémoires et correspondances du roi Joseph, t. II, p. 275.)

Voir, dans le même sens, la discussion du Code Napoléon. (Procès-verbaux du
Conseil d'Etat, an XI.)

rielle et morale du pays. Il se fait depuis quelque temps de ce côté un mouvement prononcé dans la plupart des pays, et notre Société a été, au jour le jour, tenue au courant des progrès qui se sont accomplis dans cette voie, notamment en Espagne, au Mexique, en Allemagne, où le législateur s'est montré soucieux d'augmenter le pouvoir du père sur son héritage.

Nous n'en sommes malheureusement pas encore là en France. Alors que nous avons conquis graduellement toutes les libertés, celles des syndicats, de la presse, des réunions, des coalitions, de l'association, il reste une liberté qui nous est encore refusée, celle du père de famille. Le père est traité, je ne veux pas dire en suspect, mais du moins en mineur, en fils de famille auquel on impose un conseil judiciaire. La loi semble avoir peur qu'il ne soit aveugle, partial, injuste ; qu'il ne fasse des attributions fâcheuses, scandaleuses peut-être, de son bien au détriment de ses enfants ; elle s'interpose donc entre eux et lui pour lui dicter sa conduite et prévenir ses défaillances ; elle se charge d'être sage, familiale, à sa place. N'osant pas entrer en lutte avec la loi, les pères, ou bien la tournent en limitant, comme on l'a vu, leur postérité, ou bien ils s'inclinent passivement devant ses dispositions et s'en remettent aux officiers ministériels du soin de régler leur succession, de peur de léguer un procès à leurs enfants.

On invoque précisément contre les partisans de la liberté testamentaire cette passivité, où l'on voit un acquiescement des mœurs à la loi, et on leur dit : « A quoi bon vous accorder la liberté, puisque vous n'en feriez nul usage ? » Mais, à leur tour, de répondre qu'aujourd'hui la quotité disponible est si étroite, que la porte reste ouverte aux contestations entre les héritiers sur la part que leur attribuerait le père : il juge donc prudent de s'abstenir pour ne pas les diviser. Rien ne prouve que s'il pouvait se mouvoir dans une limite plus étendne, il n'userait pas de ce pouvoir. En tout cas, la liberté ne se marchande pas : elle est un principe général dans notre démocratie. Nous y avons droit, comme aux autres libertés. Quand on nous l'aura donnée, si nous ne l'utilisons pas, ceux qui ne croient pas à ses bienfaits nous auront confondus et ils se seront mis, sans dommage pour leur théorie, en règle avec les principes. Si, au contraire, cette liberté recevait de larges applications, on ne pourrait plus soutenir qu'elle répugne aux mœurs, et ceux qui la combattaient, au nom de cet argument, seraient amenés à reconnaître que la restitution de cette liberté a été légitime.

C'est encore Le Play qui l'a dit : « Le pouvoir de l'État est en raison directe de l'affaiblissement du pouvoir du père. » Le rôle de l'État s'agrandit à mesure que le père voit diminuer son autorité. Du moment où la loi pénètre ainsi en souveraine dans les arrangements intimes des familles, dispose sans le père ou contre le père de l'avenir de ses enfants, et des biens qu'il a conquis par son labeur, la voie est frayée à l'effacement des citoyens et à l'omnipotence de l'État. Le partage forcé est une école d'abdication du père et une sorte d'expropriation de son droit à diriger la famille, dont il n'est plus que le chef nominal.

Tocqueville voyait dans notre loi successorale « une machine qui fait tout voler en éclats », et M. Paul Leroy-Beaulieu déclare, de son côté, que « si des lois ont pour effet de pousser la plus grande partie de la population à n'avoir qu'un enfant par famille, il faut avouer que ces lois, pour sacro-saintes qu'on les tienne, non seulement outragent la morale, mais encore conspirent contre la grandeur nationale (1). » Il importe donc au plus haut point de retoucher un régime qui produit de telles conséquences à la fois dans l'ordre économique et social.

Quelles doivent être ces réformes? C'est par quelques rapides indications à ce sujet que je terminerai ces trop longues observations.

Et tout d'abord, nous acceptons les réformes que M. Ambroise Colin a si bien exposées et appuyées de son autorité. Avec lui nous réclamons, de la jurisprudence si elle suffit, de la loi s'il faut s'élever jusqu'à elle, l'interprétation ou la modification de l'article 832 du Code, qui s'applique aujourd'hui avec une rigueur abusive dans le sens du morcellement des héritages. Toujours avec lui, nous demandons l'extension des partages d'ascendants, par lesquels le père assigne d'avance à chacun de ses enfants, et le plus souvent d'accord avec eux, la part qu'il juge le plus conforme à leurs aptitudes, à leurs goûts et à l'intérêt de la famille. Nous applaudissons de même au nouveau régime successoral institué au profit des habitations à bon marché par l'article 8 de la loi du 30 novembre 1894. Cet article, encore inconnu du public, reste

(1) *Economiste français*, 15 mars 1890.

inappliqué par suite de la conspiration du silence organisée autour de lui; mais il faut espérer qu'il finira par sortir de l'obscurité où on le maintient systématiquement et par produire tous ses bienfaits. C'est une première brèche faite à l'intransigeance dogmatique du partage forcé et nous comptons bien qu'elle ne tardera pas à s'élargir au profit des petits domaines ruraux. Dans cette mesure et sur ce terrain nettement démocratique, la réforme ne peut être suspectée d'arrière-pensée dynastique ou féodale et elle réaliserait après coup une idée que Napoléon avait jetée dans la discussion du Code, celle d'avoir deux régimes successoraux distincts : un, de liberté, pour les petites propriétés qu'il voulait sauvegarder contre le morcellement; l'autre, de tutelle et de partage forcé, pour les grandes propriétés, qu'il désirait affaiblir, en dehors des majorats constitués au profit des familles dévouées à sa dynastie.

Sur tous ces points, nous sommes heureux de nous trouver d'accord avec M. A. Colin et de l'avoir pour allié. Nous le sommes aussi sur la question fiscale, à laquelle il a fait allusion. Nos taxes semblent, en effet, organisées comme un châtiment à la fécondité et comme une incitation légale à des restrictions instinctives, qui n'ont certes pas besoin de cet encouragement (1).

Mais, quelque utiles que soient ces réformes, elles sont, à nos yeux, secondaires et subordonnées à la revision de l'article 913, instituant le partage forcé. Nous protestons d'ailleurs et ne cessons de protester contre l'opinion qu'on nous prête de réclamer le droit d'aînesse et la liberté testamentaire absolue. Notre illustre maître, Le Play, a dit expressément qu'il groupait sous ce nom « les régimes de succession dans lesquels le propriétaire ayant de nombreux enfants dispose librement au moins de la moitié de son bien (2) ». Nous voudrions que la quotité disponible, qui, suivant le nombre des enfants, varie aujourd'hui de la moitié au quart, fût toujours de moitié, comme elle l'est par exemple en Italie. Nous pensons, en effet, qu'au-dessous de cette fixation, le père n'ose plus tester de peur de léguer à ses enfants un procès en revision sous prétexte de lésion de plus d'un quart, et qu'en outre il ne

---

(1) Voir la vigoureuse étude de M. Mathieu, directeur de l'enregistrement et des domaines, sur *La famille devant les droits de mutation*. (*Réforme sociale*, octobre 1890.)

(2) *Réforme sociale* de Le Play, t. Iᵉʳ, p. 283.

peut pas attacher par un avantage suffisant un de ses enfants à la continuation de son œuvre, par exemple, à la conservation de son domaine rural (1) ou de son atelier industriel. C'est dans ces limites, et non au delà, que nous réclamons la liberté du père de famille, de sorte que les critiques dirigées contre « le droit d'aînesse » ou « la liberté absolue » ne sauraient en bonne justice nous atteindre (2).

Nous ne nous faisons pas l'illusion de croire que, comme d'un coup de baguette, cette réforme transformerait en un instant nos mœurs qu'un siècle de partage forcé a profondément imprégnées d'individualisme et de passivité, et qu'elle nous rendrait la vieille conception familiale avec la stabilité des foyers et l'autorité paternelle servant de base à l'édifice social. Mais, du moins, la loi ne viendrait plus incessamment battre en brèche cette autorité, enlever aux pères le droit et la pratique d'assurer par eux-mêmes l'avenir de leurs enfants, les plier à s'en remettre de ce soin à l'omnipotence de l'État et de ses organes. Peu à peu, le sentiment des devoirs renaîtrait avec la liberté de les remplir ; la responsabilité s'affirmerait ; le père se redresserait et reprendrait, avec l'usage du testament, l'autorité et la majesté, sans lesquelles la famille n'est qu'un agrégat inconsistant et ne saurait s'acquitter de sa fonction sociale. Libérés des menaces de morcellement obligatoire, qui tarissent aujourd'hui leur sève, les ménages oseraient redevenir féconds. Non seulement leurs rejetons seraient plus nombreux ; mais encore, forcés de compter plus sur eux-mêmes et moins sur la fortune paternelle, ils auraient plus d'énergie, d'initiative, d'endurance et fourniraient ainsi à la colonisation, pour en revenir à l'objet même de notre congrès, l'élément dont elle ne peut se passer, des hommes et des hommes bien trempés.

(1) Voir les effets qu'a produits, pour accélérer la désertion des campagnes, le passage du régime italien au régime français dans la province nouvellement annexée de la Savoie en 1862. Les fils, réduits à l'avantage du quart, refusaient de garder l'exploitation avec toutes les charges familiales qu'elle leur imposait et préféraient émigrer dans les villes après avoir liquidé le bien patrimonial. (Le Play, *Organisation du travail*, p. 477.)

(2) Nous nous bornons à faire ici allusion à la réforme proposée par le colonel Toutée, qui demande que le partage ait lieu, non d'après les enfants, mais d'après les petits-enfants. Ce projet est inspiré par le souci très louable d'augmenter la natalité ; mais nous craignons qu'il ne se retourne contre les intentions de son auteur. Il a en outre, à nos yeux, le grave défaut de contribuer encore à l'affaiblissement de l'autorité paternelle et par là d'aggraver les vices et les périls du partage forcé, bien loin d'y porter remède. (Voir la discussion qui s'est produite sur ce sujet à l'Académie des sciences morales et politiques, avril-mai 1903.)

Cette fois encore Le Play, avec son génie véritablement prophétique, aura dit le mot décisif et tracé d'avance la solution des problèmes qui n'étaient même pas encore posés de son temps et qu'a mis à l'ordre du jour, dans leur saisissante actualité, la création de notre empire colonial. (*Applaudissements prolongés.*)

. . . .

. . . .

(Voir la suite de cette discussion

dans la Réforme sociale *du* 16 *décembre* 1903.)

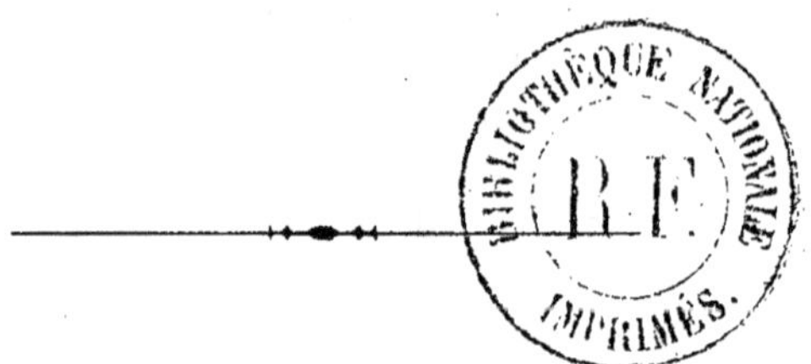

ÉCOLE DE LA PAIX SOCIALE

1re Section — **Œuvres de Le Play**, éditées à Tours par MM. A. MAME et fils

Les Ouvriers européens. 6 vol. in-8° (vendus séparément)	39 fr.
La Réforme sociale en France. 7e édition. 3 vol. in-18	5 fr.
L'organisation du travail. 6e édition. 1 vol. in-18	2 fr.
L'organisation de la famille. 4e édition. 1 vol. in-18	2 fr.
La Paix sociale après les désastres de 1871. 1 brochure in-18	0 fr. 60
La Correspondance sociale. 9 brochures in-18	2 fr.
La Constitution de l'Angleterre. 2 vol. in-18	4 fr.
La Réforme en Europe et le salut en France. 1 vol in-18	1 fr. 50
La Constitution essentielle de l'humanité. 2e édition. 1 vol. in-18	2 fr.
La Question sociale au xixe siècle. 1 brochure in-18	0 fr. 30
L'École de la paix sociale. 1 brochure in-18	0 fr. 20

IIe Section. **Publications de la Société d'Économie sociale**

Les Ouvriers des deux mondes. 1re série, 5 vol. in-8°	80 fr.
2e série; ch. tome 15 fr., t. V, en cours; chaque monographie.	2 fr.
Instruction sur la méthode des monographies. Nouv. édit. 1 vol. in-8°.	2 fr.
Bulletin des séances de la Société d'Économie sociale. 1re série 9 vol. in-8°	68 fr.
La Réforme sociale. 1re série (1881-1885), 10 vol. in-8°	80 fr.
2e série (1886-1890), 3e série (1891-1895), chac., 80 fr. — 4e série, ch. vol.	7 fr.
Annuaires des Unions et de l'Économie sociale, 5 vol.	15 fr
Exp. de 1867. Rapport sur les ateliers qui conservent la paix sociale. in-8°.	1 fr.
La Réforme sociale et le centenaire de la Révolution. Travaux du Congrès de 1889, avec une lettre-préface de M. Taine, et une introduction sur les principes de 1789, l'ancien régime et la Révolution. In-8° (*en petit nombre*)	10 fr.
Les Unions de la paix sociale leur programme d'action et leur méthode d'enquête, par A. Delaire, secrétaire général des Unions. 6e édit. br. in-32	0 fr. 15

BIBLIOTHÈQUE ANNEXÉE

F. Le Play. Choix de ses œuvres avec une biographie par M. Auburtin et un portrait 1 vol. in-16, cart. LXXIV - 251 pages	1 fr. 75
Ch. de Ribbe. Les Familles et la Société en France avant la Révolution d'après des documents originaux : 4e édition, 2 vol. in-12. 4 fr. — La Vie domestique, ses modèles et ses règles. 2 vol. in-12. 6 fr. — Une famille au xvie siècle. 1 vol. in-12. 2 fr. — Le Livre de Famille. 1 vol. in-12: 2 fr. — Le Play d'après sa correspondance. 1 vol. in-18. Pour les membres, 1 fr. 60; pour le public	3 fr. 50
Claudio Jannet. Les États-Unis contemporains, avec une lettre de M. F. Le Play : 4e édit., 2 vol. in-12. 8 fr. — Le Code civil et les réformes indispensables à la liberté des familles. 1 br. in-18. 0 fr. 30. — Le socialisme d'État et la réforme sociale, 2e édit. 1 vol. in-8°, 7 fr. 50. — Le Capital, la Finance et la Spéculation. 1 vol. in-8°. 8 fr. — Les grandes époques de l'histoire économique, 1 vol. in-12 (pour les membres, 2 fr. 80)	3 fr. 50
Jules Michel. Manuel d'économie politique et sociale, 1 vol. in-12	2 fr
Comte de Butenval. Les lois de succession appréciées dans leurs effets économiques par les Chambres de commerce de France. 4e édit. in-18.	0 fr. 60
Jh Ferrand. Les Pays libres, leur organisation et leur éducation d'après la législation comparée. Ouvrage couronné par l'Institut. 1 vol. in-18.	3 fr. 50
— Les Institutions administratives en France et à l'étranger, 1 vol. in-18.	6 fr. »
Léon Lefébure. Le Devoir social. 1 vol in-12	3 fr.
G. Picot, de l'Institut. Un Devoir social et les logements ouvriers. in-18.	1 fr.
Comte de Bousies. Les lois successorales dans la société contemporaine. 1 vol. in-8°, 2 fr. 50. — Le Collectivisme et ses conséquences.	2 fr. 50
P. du Maroussem. La Question ouvrière : 4 vol. in-8° avec trois préfaces de M. Funck-Brentano. — I. Les Charpentiers de Paris; II. Ébénistes du faubourg Saint-Antoine; III. Le jouet parisien; IV. Les Halles. — Ch. vol.	6 fr.
A. Coste. Alcoolisme et Épargne, 2e édition, in-32	0 fr. 50